藤本ともひこ×中川ひろたか

あそび劇シアター

ジャックとまめのき
うらしまたろう

作詞●藤本ともひこ・中川ひろたか　　作曲●中川ひろたか　　振付●菊岡 彩・中右貴久

日本コロムビアからCDも好評発売中!!

藤本ともひこ×中川ひろたか あそび劇シアター
ジャックとまめのき／うらしまたろう
COCE-37868　　定価：¥2,200（税抜価格 ¥2,000）

お問い合わせ：日本コロムビア株式会社
TEL：03-5962-6990
【受付時間 10:00～17:00（休業日を含め、土・日曜日、祝日を除く）】

もくじ

ジャックとまめのき

- M1 ジャックのテーマ／オープニング …………………… 4
- M2 まったくジャックというこはね① …………………… 6
- M3 てんまでとどけ …………………… 8
- M4 きのぼりジャック …………………… 10
- M5 てんまでとどけ［BGM］ …………………… 13
- M6 おれさまのじまん …………………… 14
- M7 にげろやジャック …………………… 16
- M8 まったくジャックというこはね② …………………… 18
- M9 ジャックのテーマ／エンディング …………………… 20
- ●歌詞・振付 …………………… 23

うらしまたろう

- M1 よにもふしぎなものがたり／オープニング …………………… 30
- M2 カカカカ！かめかめ！ …………………… 32
- M3 りゅうぐうへいこう …………………… 34
- M4 クラクラクラゲ …………………… 37
- M5 すき？きらい？ …………………… 39
- M6 恋するりゅうぐうガール …………………… 42
- M7 うちへかえろう …………………… 46
- M8 よにもふしぎなものがたり／エンディング …………………… 48
- ●歌詞・振付 …………………… 50

ジャックとまめのき

対　　象	年中・年長
ねらい	童話「ジャックとまめのき」を可愛らしく、テンポよく演じる劇あそび。練習が楽しくなるような、あそびの要素を盛り込みました。
登場人物	●ジャック1・2　●まめのきブラザーズ　●もくもくブラザーズ ●大男1・2・3　●ひまわりキッズ　●ナレーション

ジャックとまめのき

M1 ジャックのテーマ／オープニング

作詞：藤本ともひこ　作曲：中川ひろたか

© 2014 by Columbia Songs, Inc.

楽譜の丸数字は振りつけページの番号に対応しています。

⑥ E♭ A♭ ⑦ E♭ B♭7
なんにも しないでー あきらめ るよりー
⑧ E♭ A♭ ⑨ E♭/B♭ B♭7 E♭
まずはいっ ぽまえに でるゆーう き
⑩ E♭ A♭ B♭ E♭ F7 B♭
ジャッ クジャッ ク まめのきジャック ジャッ クジャッ ク うたえよジャック
E♭ A♭ Adim E♭/B♭ B♭aug E♭
ジャッ クジャッ ク まめのきジャック ジャッ クジャッ ク おどれよジャック

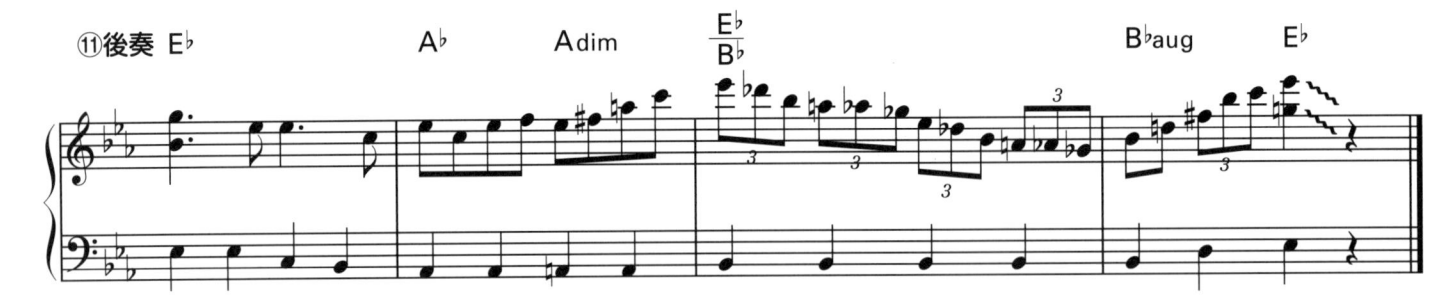

ナレーション　ジャックはおかあさんとふたりぐらし。かっているうしのミルクがでなくなったのでうしをうることにしました。しかし、ジャックはなんとうしとまめをこうかんしてしまったのです。おこったおかあさんはまどからまめをすててしまいました。

M2 まったくジャックというこはね①

作詞・作曲：中川ひろたか

© 2014 by Columbia Songs, Inc.

うしと　まーめとを　こうかんに

ナレーション　そのひのよる、まめからめがでて、ぐんぐんのびはじめました。

M3 てんまでとどけ

作詞：藤本ともひこ　作曲：中川ひろたか

© 2014 by Columbia Songs, Inc.

♩=116

① 前奏

② ぐんぐんのびるよ まめのきが

③ どんどんのびて てんまでとどけ

ぐんぐんはっぱもひろがって

てんまでとどけ てんまでとどけ

④ ぐん ぐん どんどん　ぐぐっ とどう　ぐん ぐん どんどん　ぐぐっ とどう ぐん

ナレーション よくあさジャックはびっくり。まめのきがてんをつきさすほどのびていたのです。
ジャックはまめのきにのぼっていくことにしました。

M4 きのぼりジャック

作詞：藤本ともひこ　作曲：中川ひろたか

© 2014 by Columbia Songs, Inc.

♩=124

①前奏 F　　　　　　C　　　　　②F

やねの うえにはそら が あ る

F　　　　　　　　　　　　　　　C7

そらの うえにはくも が あ る

C7

くもの うえにはな に が あ る　　　くもの うえにはゆ め が あ

F ③ B♭
る のぼれのぼれのぼ れのぼれー
④ F ⑤ B♭
くものうえーまでー のぼれのぼれのぼ
B♭ ⑥ G C7
れのぼれー ちからの かぎりー
C7 ⑦ F
きっときっといいこと が

きっときっとまっている　　　きっときっとすばらし

い　　あしたがきっとある

ナレーション　てっぺんまでのぼっていくと、そこはくものうえ。

M5 てんまでとどけ [BGM]

作曲：中川ひろたか
© 2014 by Columbia Songs, Inc.

ナレーション くものうえにはおしろがあって、そこにはおおおとこがいました。

M6 おれさまのじまん

作詞：藤本ともひこ　作曲：中川ひろたか
© 2014 by Columbia Songs, Inc.

(1.) おれさまじまんの きんかーが　おたからが だいすーきさー だ
(2.) おれさまじまんの めんどりー　きんのたまごを うむさー
(※) おれさまじまんの たてごとー　きれいなおとー が すきさ

ーれにもわたささ ないー　みがいてながめるのさー
ーれにもわたささ ないー　きょうもうんでおくれー
だれにもわたささ ないー　さあかなでて おーくれー

⑥ ⑪ ⑰ Am Am/G ⑫ F Am/E ⑦ ⑬ ⑱ Dm Dm/C Bm7(-5) E7
きゅ きゅ きゅ きゅ きゅ きゅ ぴ か ぴ か ぴ か ぴ か ー
コ ケ コ ケ スッ ポン コ ケ コ ケ スッポンー
ポ ロ ポ ロ ポ ロロン ポ ロ ポ ロ ポーロロー
⑧ ⑭ ⑲ Am Am/G F Am/E Dm Dm/C Bm7(-5) E7 Am
to Φ
きゅ きゅ きゅ きゅ きゅ きゅ ぴ か ぴ か ぴ か ぴ か ー
コ ケ コ ケ スッ ポン コ ケ コ ケ スッポンー
ポ ロ ポ ロ ポ ロロン ポ ロ ポ ロ ポロロロー
⑮間奏 Am Am/G F7 E7 Am Am/G F7 E7 Am
D.S.
Φ Coda
⑳後奏 Am Am/G F Am/E Dm Dm/C Bm7(-5) E7 Am
rit.

ナレーション　おおおとこはうたいおわるとねてしまいました。ジャックはきんかとめんどりと
たてごとをつかむといちもくさんににげだしました。すると、おおおとこはめを
さましてジャックをおいかけてきました。

M7 にげろやジャック

作詞：藤本ともひこ　作曲：中川ひろたか

© 2014 by Columbia Songs, Inc.

♩=144

①前奏　F　　　C

② F　　　　　　　　　　　　　　　　　　　　　　　　　C7

くもの　したにはそらがあ　る　　　そらの　したにはやねがあ　る

C7　　　　　　　　　　　　　　　　　　　　　　　　　F

やねの　したにはなにがあ　る　　　やねの　したにはじめんがあ　る

17

ナレーション　まめのきはたおれて、おおおとこはまっさかさまにおちていきました。

M8　まったくジャックというこはね②

作詞・作曲：中川ひろたか
© 2014 by Columbia Songs, Inc.

ひとつぶのまーめーが きんかと たてごとと めんどりに ばけたとさ まったく ジャックと いうこは ねせかいちか ほうもの

M9 ジャックのテーマ／エンディング

作詞：藤本ともひこ　作曲：中川ひろたか

© 2014 by Columbia Songs, Inc.

② ジャックジャック まめのきジャック ジャックジャック

のぼれよジャック ジャックジャック まめのきジャック ジャックジャック おどれよジャック なんにもしないでー あきらめるよりー まずはいっぽ まえにでる ゆーうき

E♭ A♭ B♭ E♭
ジャッ ク ジャッ ク まめ の き ジャック ジャッ ク ジャッ ク
F7 B♭ E♭ A♭ Adim
う た え よ ジャック ジャッ ク ジャッ ク まめ の き ジャック
E♭/B♭ B♭aug E♭
③後奏
E♭
ジャッ ク ジャッ ク おど れ よ ジャック
④後奏
A♭ Adim E♭/B♭ B♭aug
⑤後奏
E♭

ジャックとまめのき

原作：イギリスの昔話
作詞：藤本ともひこ・中川ひろたか／作曲：中川ひろたか
振付：菊岡　彩

■登場人物

ジャック1・2／ひまわりキッズ／まめのきブラザーズ（もくもくブラザーズ）／大男1・2・3

■舞台・準備

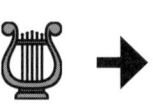

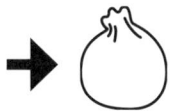

【小道具】
- 金貨（持って踊るので大きめに）
- 大男
- めんどり
- たてごと
- これらが入る袋
- 斧

● ワンポイント・アドバイス
※客席から見て舞台の右側が上手（かみて）、左側が下手（しもて）です。本作品では上手、下手それぞれに袖（待機場所）がある想定で出ハケを行っています。舞台袖がない、あるいは狭い園は舞台下に待機場所を設けるなど適宜調整をしてください。
※まめのきブラザーズは、途中で「もくもくブラザーズ」（雲）に変身してM6の間舞台で待ちます。舞台にいる時間を短くしたい場合は、「まめのきブラザーズ」のままM5の後に一旦退場し、M6で再登場することもできます。

M1 ジャックのテーマ／オープニング　　うたと出演：全員

全　員　ジャックジャックまめのきジャック
　　　　ジャックジャックのぼれよジャック
　　　　ジャックジャックまめのきジャック
　　　　ジャックジャックおどれよジャック
　　　　なんにもしないであきらめるより
　　　　まずはいっぽまえにでるゆうき
　　　　ジャックジャックまめのきジャック
　　　　ジャックジャックうたえよジャック
　　　　ジャックジャックまめのきジャック
　　　　ジャックジャックおどれよジャック

①前奏（1＋32呼間）……登場人物全員で、横並びに手をつないで登場（図❶）。
※ひまわりキッズとジャック2は、舞台上手の端。

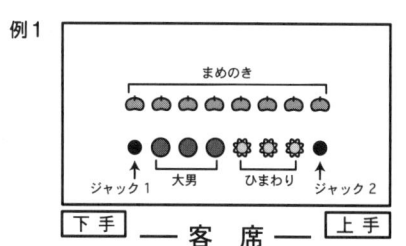

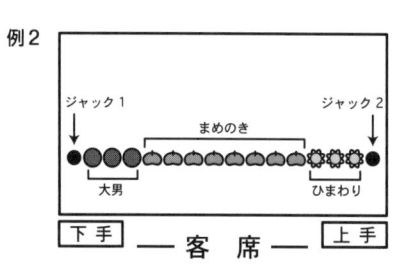

例1／例2（舞台配置図）

②ジャックジャックまめのきジャック（8呼間）……右かかとを横にタッチ（2呼間）、戻す（2呼間）（図❷）。左足でも同様に行う（4呼間）。

③ジャックジャックのぼれよジャック（8呼間）……②をくり返す。

④ジャックジャックまめのきジャック（8呼間）……ボックスステップを行う（図❸）。ボックスステップが難しければ、右足を前に出し（2呼間）左足を寄せる（2呼間）、右足を引いて（2呼間）左足を寄せる（2呼間）（図❹）にアレンジ可。

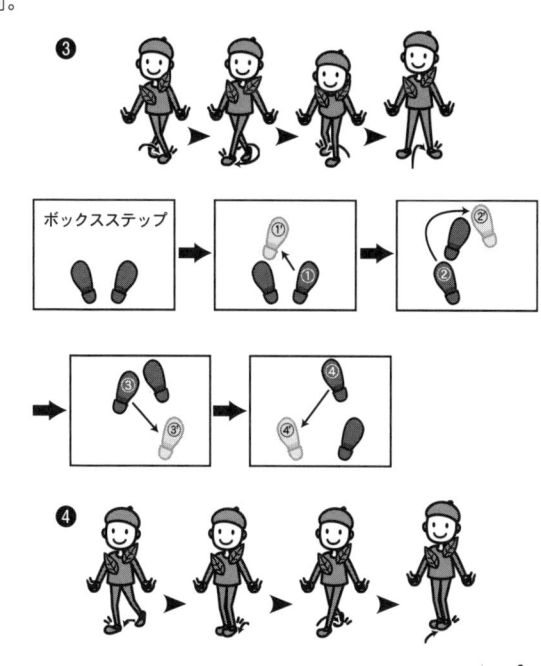

⑤ジャックジャックおどれよジャック（8呼間）……ひざの上に手を当ててひざを曲げ（4呼間）、右足かかとを横にタッチ、右手で上を指さしたポーズで静止（4呼間）（図❺）。

⑥なんにもしないで（8呼間）……両手を頭の後ろで組んでひじを張る（図❻）。

⑦あきらめるより (8呼間) ……右、左と揺れる (図❼)。
⑧まずはいっぽまえに (8呼間) ……元気にひじを振りながら後ろに4歩下がる。4歩目で足をそろえてひざを曲げる (図❽)。
⑨でるゆうき (8呼間) ……前に大きく両足ジャンプし (4呼間)、後半のポーズ (4呼間) (図❾)。
⑩ジャックジャック〜おどれよジャック (32呼間) ……②③④⑤をくり返す。
⑪後奏 (16呼間) ……〔ひまわりキッズ、ジャック2〕上手袖へ、他の子は下手袖へハケる (図❿)。手はつながない。

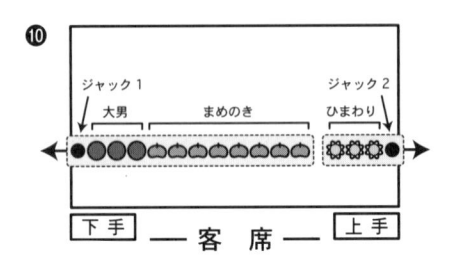

❿
| ジャック1 | | ジャック2 |
| ↓大男 | まめのき | ↓ひまわり |
←●●●●●●●●●●●●● ○○○○ ●→
下手　　　客　席　　　上手

ナレーション　ジャックはおかあさんとふたりぐらし。かっているうしのミルクがでなくなったのでうしをうることにしました。しかし、ジャックはなんとうしとまめをこうかんしてしまったのです。おこったおかあさんはまどからまめをすててしまいました。

〔ひまわりキッズ〕上手手前に出る。

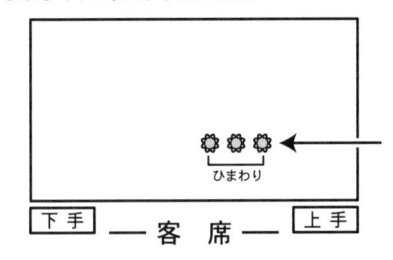

　　　　　　　○○○ ←
　　　　　　ひまわり
下手　　　客　席　　　上手

M2　まったくジャックというこはね①
うたと出演：ひまわりキッズ

ひまわりキッズ	うしとまめとを
	こうかんに
	かあさんおこるのも
	むりもない
	まったくジャックと
	いうこはね
	せかいいち　おろかもの

①前奏 (8呼間) ……両手を腰に当てて待つ (図⓫)。
②前奏 (4呼間) ……足踏みしながら手拍子4回 (図⓬)。

③前奏 (4呼間) ……腕を組んでひざを曲げ (2呼間)、右手のひら上で横へ出して上体を右へ傾けながら右足を横にタッチ (2呼間) (図⓭)。
④うしとまめとを (4呼間) ……右手を時計回りに右上へ動かしながら、4歩前進 (図⓮)。
⑤こうかんに (4呼間) ……右手そのまま、左手を反時計回りに左上へ動かしながら、4歩後退 (図⓯)。
⑥かあさんおこるのも (4呼間) ……左手を腰に当て、右手人差し指を外方向へ2回振りながら右かかとを横へタッチ (2呼間)、両手を腰に当て足をそろえる (2呼間) (図⓰)。
⑦むりもない (4呼間) ……⑥を左手、左足で行う。
⑧まったくジャックと (4呼間) ……腕を組み (2呼間)、両手のひら上で横へ (2呼間) (図⓱)。
⑨いうこはね (4呼間) ……ひざを2回屈伸しながら、手を2回上下させる (図⓲)。
※オーノー！という感じで。肩も上下できると、より感じが出ます。
⑩せかいいち　おろかもの (8呼間) ……⑥⑦をくり返す。
⑪後奏 (8呼間) ……②③をくり返す。

★上手袖にハケる。

ナレーション　そのひのよる、まめからめがでて、ぐんぐんのびはじめました。

M3　てんまでとどけ
うたと出演：まめのきブラザーズ

まめのきブラザーズ	ぐんぐんのびるよ　まめのきが
	どんどんのびて　てんまでとどけ
	ぐんぐんはっぱも　ひろがって
	てんまでとどけ　てんまでとどけ
	ぐんぐん　どんどん　ぐぐっとどう
	ぐんぐん　どんどん　ぐぐっとどう
	ぐんぐん　どんどん　どどー
	ぐんぐん　どんどん　ぐぐっとどう
	ぐんぐん　どんどん　ぐぐっとどう
	ぐんぐん　どんどん　どどー
	ぐんぐん　どんどん　どどー

①前奏 (16呼間) ……舞台袖で背の高い順に手をつないで待つ。
②ぐんぐんのびるよ　まめのきが (8呼間) ……(先頭から) 横歩きになるように左足を踏み込み (2呼間)、右足をそろえる (2呼間) (図⓳)。さらに左足踏み込み (2呼間)、右足そろえる (2呼間)。

⑲

③どんどんのびて〜てんまでとどけ (24呼間)……②の歩き方を続けて舞台下手の手前から全員登場→上手の奥へ向かって斜めに歩いていく(図⑳)。
※豆の木が伸びていく様子を表現しています。

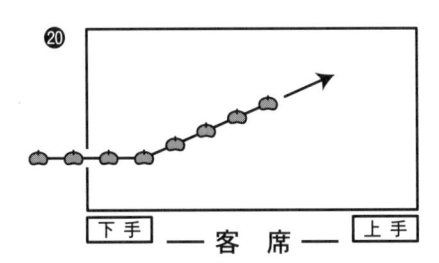

⑳

④ぐんぐん どんどん〜どんどん どどー (32呼間)……1呼間に1歩ずつの普通の足踏みになり、さらに斜めに行進していく(図㉑)。全員並んだら列を整えながら足踏みを続ける。

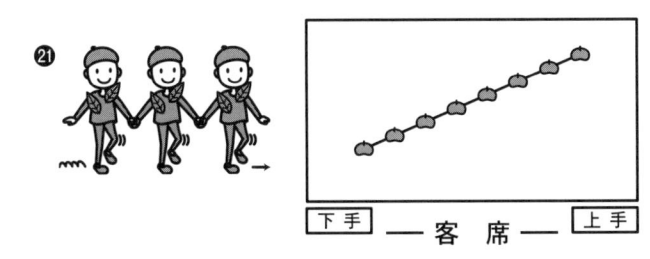

㉑

⑤ぐんぐん どんどん (4呼間)……全員正面を向いて両手パーを右上に伸ばし(1呼間)、ひざを曲げながら両手を下ろす(1呼間)。左へも行う(2呼間)(図㉒)。
※にょきにょき伸びる感じです。

㉒

⑥ぐぐっとどう ぐんぐんどんどん ぐぐっとどう ぐん (12呼間)……⑤をさらに3セットくり返す。

⑦ぐん どん (4呼間)……両手グーをお腹の前で回しながら、右かかとを横にタッチ (2呼間)、そろえる (2呼間) (図㉓)。

⑧どん ど (4呼間)……⑦を左足で行う。

⑨どー ぐん (8呼間)……両手を肩の前でグーにしてひざを曲げ (2呼間)、伸び上がるように両手パーで上へ (2呼間) (図㉔)。
これを2セット行う。

㉓

㉔

⑩ぐん どんどん どどー (16呼間)……⑦⑧⑨をくり返して終わる。
★終わったら隣どうしで手をつなぐ。

ナレーション よくあさジャックはびっくり。まめのきがてんをつきさすほどのびていたのです。ジャックはまめのきにのぼっていくことにしました。

M4 きのぼりジャック
うたと出演：ジャック1、まめのきブラザーズ

ジャック	やねのうえにはそらがある
	そらのうえにはくもがある
	くものうえにはなにがある
	くものうえにはゆめがある
	のぼれのぼれのぼれのぼれ
	くものうえまで
	のぼれのぼれのぼれのぼれ
	ちからのかぎり
	きっときっといいことが
	きっときっとまっている
	きっときっとすばらしい
	あしたがきっとある

★ジャックが舞台に走り出たらすぐに曲を始める。

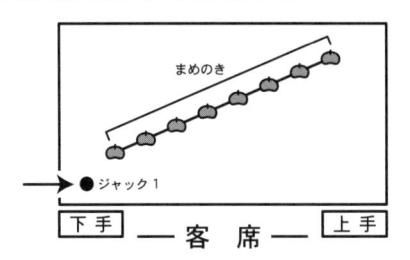

①前奏 (8呼間)……〔ジャック1〕走り出て (4呼間) 正面を向いてポーズ (4呼間) (図㉕)。

㉕

②やねのうえには〜ゆめがある (32呼間)……〔ジャック1〕まめのきブラザーズの間をジグザグと進んでいく。中ほどまで進み、一旦止まって正面を向く (まめのきブラザーズの列より手前で) (図㉖)。

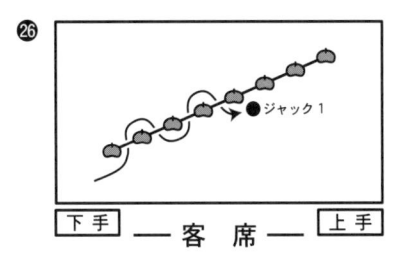

㉖

〔まめのき〕ジャックが自分のところに来たらつないだ手を上げて、ジャックはその下をくぐる (図㉗)。

㉗

③のぼれのぼれのぼれのぼれ (8呼間)……
〔ジャック1〕体の前で両腕で丸を作ってひ
ざを曲げ (2呼間)、腕を下ろしながらひざ
をのばす (2呼間)(図❷)。これを2セット
行う。
※木登りをするような動き。
④くものうえまで (8呼間)……〔ジャック1〕
両手パーを頭上で右左2セット振る(図❷)。

⑤のぼれのぼれのぼれのぼれ (8呼間)……〔ジャック1〕③をくり返す。
⑥ちからのかぎり (12呼間)……〔ジャック1〕④の動きを3セット行う。
⑦きっときっといいことが〜あしたがきっとある (32呼間)……〔ジャック
1〕②同様にまめのきブラザーズの間をジグザグにくぐり抜け、まめのきを上
り終えて舞台上手奥に進み (30呼間)(図❸)、ポーズ (2呼間)(図❸)。

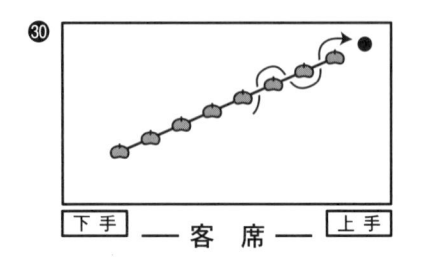

★上手奥にハケる。

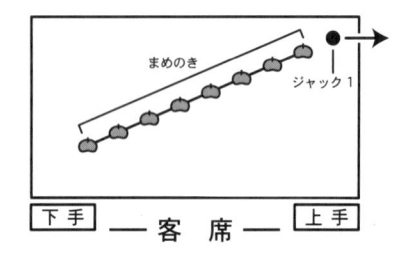

ナレーション てっぺんまでのぼっていくと、そこはくものうえ。

M5 てんまでとどけ【BGM】　うたと出演：まめのきブラザーズ

〔まめのきブラザーズ〕帽子を裏返して緑→白の面が見えるようにかぶり直す
(もくもくブラザーズに変身)。
〔もくもくブラザーズ〕舞台の手前まで歩いて横一列に並び、客席に顔を向け
て腹ばいになる。

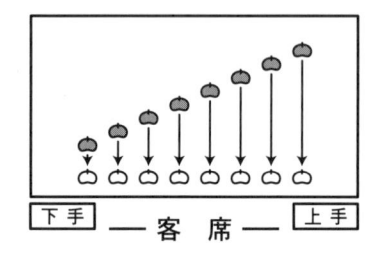

★時間が余りそうだったら、帽子をかぶり直した時にお互いチェックしあって
OKサインを作ったり、曲がった帽子を直してあげたりする動きを入れても
可愛らしいです。

ナレーション くものうえにはおしろがあって、そこにはおおおとこが
いました。

M6 おれさまのじまん
　　うたと出演：ジャック2、大男1・2・3、もくもくブラザーズ

大男1・2・3	おれさまじまんのきんか
	おたからがだいすきさ
	だれにもわたさない
	みがいてながめるのさ
	きゅきゅきゅきゅきゅきゅ
	ぴかぴかぴかぴか
	きゅきゅきゅきゅきゅきゅ
	ぴかぴかぴかぴか
	おれさまじまんのめんどり
	きんのたまごをうむ
	だれにもわたさない
	きょうもうんでおくれ
	コケコケスッポン
	コケコケスッポン
	コケコケスッポン
	コケコケスッポン
	おれさまじまんのたてごと
	きれいなおとがすきさ
	だれにもわたさない
	さあかなでておくれ
	ポロポロポロロン
	ポロポロポロロ
	ポロポロポロロン
	ポロポロポロロロ

★〔ジャック2〕上手奥からのぞくように舞台を見る(このとき袋を持ってく
る)。曲を始める。

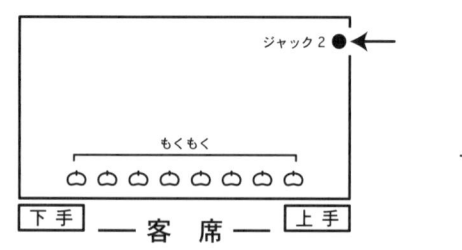

①前奏 (16呼間)……〔大男1〕下手からのしのしと舞台中央に歩いてくる
(図❸)。

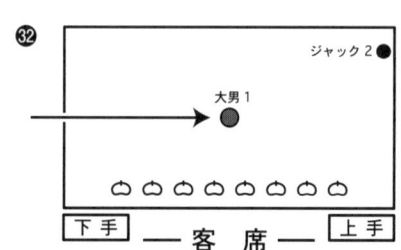

②おれさまじまんのきんか（8呼間）……〔大男1〕金貨を上にかざす（図㉝）。
③おたからがだいすきさ（8呼間）……〔大男1〕金貨を右、真ん中、左、真ん中と振る（図㉞）。

④だれにもわたさない（8呼間）……〔大男1〕体を右にねじって金貨を胸元に引き寄せ（4呼間）、首を横に振る（4呼間）（図㉟）。
⑤みがいてながめるのさ（8呼間）……〔大男1〕うっとり頬ずりするように、金貨を左頬に当てる（図㊱）。
⑥きゅきゅきゅきゅきゅきゅきゅ（8呼間）……〔大男1〕左手で持った金貨を右手で磨く動作（図㊲）。歌詞のリズムに合わせて行う。
⑦ぴかぴかぴかぴか（8呼間）……〔大男1〕右手はパー、左手は金貨を持ったまま顔の両横でキラキラ動かす。手のひらを表、裏とはっきり返すように（図㊳）。
⑧きゅきゅきゅきゅきゅきゅきゅ　ぴかぴかぴかぴか（16呼間）……〔大男1〕⑥⑦をくり返す。
⑨間奏（16呼間）……〔大男1〕一歩下がる。〔大男2〕下手から登場して中央へのしのし歩く（図㊴）。

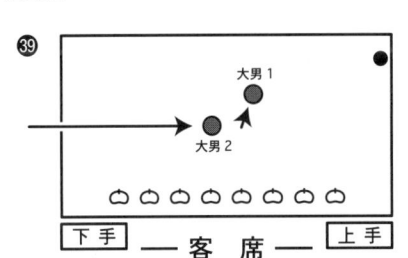

⑩おれさまじまんのめんどり〜きょうもうんでおくれ（32呼間）……〔大男2〕②〜⑤の動きをくり返す。〔大男1〕それを見ている（以降⑲まで）。
⑪コケコケ（4呼間）……〔大男2〕めんどりを右、左、右、左と動かす（図㊵）。
⑫スッポン（4呼間）……〔大男2〕「スッ」でめんどりを胸の前に下げ、「ポン」で勢いよく上げる（図㊶）。
⑬コケコケスッポン（8呼間）……〔大男2〕めんどりを胸の前に下ろして、重心を右足（2呼間）、中心（2呼間）、左足（2呼間）、中心（2呼間）と移動させる（図㊷）。

⑭コケコケ〜スッポン（16呼間）……〔大男2〕⑪⑫⑬をくり返す。
⑮間奏（16呼間）……〔大男2〕一歩下がる。〔大男3〕下手から登場して中央へのしのし歩く（図㊸）。

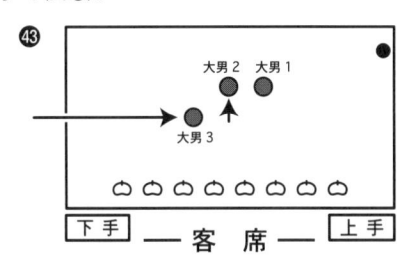

⑯おれさまじまんのたてごと〜　さあかなでておくれ（32呼間）……〔大男3〕②〜⑤の動きをくり返す。〔大男1・2〕それを見ている（以降⑲まで）。
⑰ポロポロポロロン（8呼間）……〔大男3〕上体を左に傾け、顔は右上に向けて右手でたてごとを弾く動作（図㊹）。
※指を小指側から順に動かすと感じが出ます。
⑱ポロポロポロロ（8呼間）……〔大男3〕上体を右に傾け、顔は左上に向けてたてごとを弾く（図㊺）。
⑲ポロポロ〜ポロロロ（16呼間）……〔大男3〕⑰⑱をくり返す。
⑳後奏（16呼間）……〔大男3〕一歩下がって大男1・2と並ぶ。〔大男1・2・3〕小道具を床に置いてゴロンと横になり、居眠りを始める（図㊻）。

ナレーション　おおおとこはうたいおわるとねてしまいました。ジャックはきんかとめんどりとたてごとをつかむといちもくさんににげだしました。すると、おおおとこはめをさましてジャックをおいかけてきました。

★〔ジャック2〕「おおおとこは〜ねてしまいました」その場で聞き、「ジャックはきんかと〜」で舞台中央へ行き、きんかとめんどりとたてごとを袋に詰め込み走って上手袖へハケる。

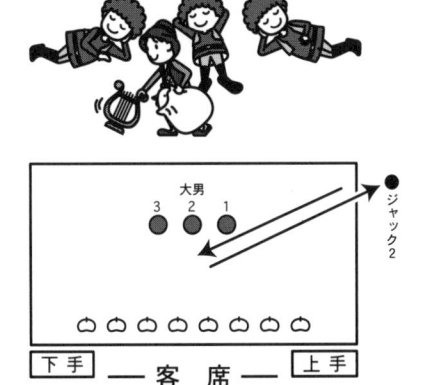

★大男たちは目を覚ましてキョロキョロし、ジャックを追うように走って上手袖へハケる。

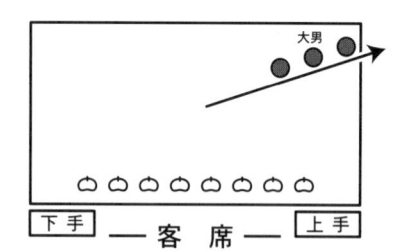

M7 にげろやジャック

うたと出演：ジャック2、大男1・2・3、まめのきブラザーズ

全員	くものしたにはそらがある
	そらのしたにはやねがある
	やねのしたにはなにがある
	やねのしたにはじめんがある
	くだれくだれくだれくだれ
	ぼくのいえまで
	くだれくだれくだれくだれ
	ちからのかぎり
	じめんまでおりたら
	おのでまめのきを
	きりたおしてしまえ
	これでぜんぶかいけつ

★ジャックと大男がハケたら曲を始める。
※舞台下手の袖に斧を用意しておく。舞台が広く袖が遠い場合は、舞台上に置いても可。

①前奏（16呼間）……〔もくもくブラザーズ〕
立ち上がり、緑色を表に帽子をかぶり直してまめのきブラザーズに変身（図❹）。

②くものしたにはそらがある〜やねのしたにはじめんがある（32呼間）……〔まめのきブラザーズ〕帽子をかぶり直したら手をつなぎ再び斜めに並ぶ（図❹）。
※早く早く〜！ワー急げ〜！という感じで、ドタバタ感が出るとおもしろいです。

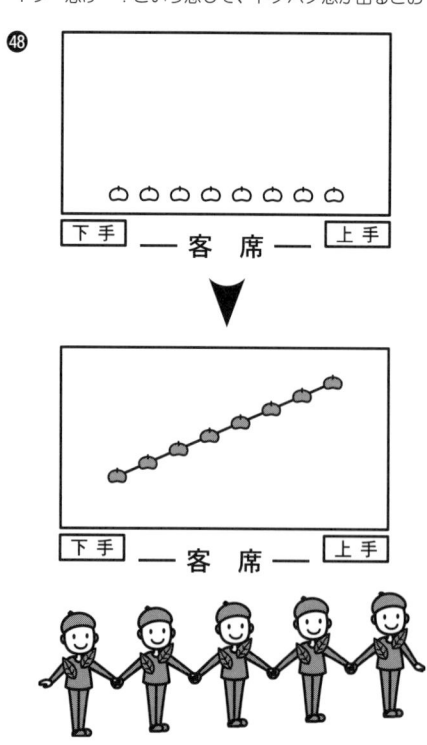

③くだれくだれくだれくだれ〜ちからのかぎり（36呼間）……〔ジャック2〕袋をかついで速く足踏みしながら上手奥から登場。まめのきブラザーズの間をジグザグくぐりぬけて下手の手前まで進む。〔まめのきブラザーズ〕つないだ手を上げてジャック2を通す（図❹）。

④じめんまでおりたら〜これでぜんぶかいけつ（32呼間）……〔大男1・2・3〕がジャックを追うように出てくる。〔まめのきブラザーズ〕とおせんぼして、大男1・2・3は途中から進めずにもがく（図❺）。〔ジャック2〕歌の終わりまでに下手袖に入って袋を置き、斧を持つ（図❺）（先生が斧を渡してあげて下さい）

⑤後奏（16呼間）……〔ジャック2〕斧を持って再登場し（図❺）、斧をかざす（図❺）。

⑥後奏（16呼間）……〔ジャック2〕斧を振り上げる→振り下ろす動きを4セット行う（図❺）。

★〔まめのきブラザーズ〕つないだ手を離す。
〔まめのきブラザーズ、大男たち〕バラバラになってワーッと全員下手袖へハケる。
〔ジャック2〕一緒にハケる。
※M7の④でジャックの置いた袋が舞台上にある場合は、まめのきブラザーズの1人がそれを持ってハケる。

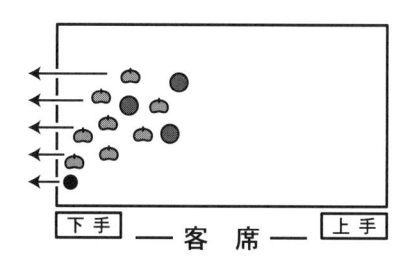

ナレーション　まめのきはたおれて、おおおとこはまっさかさまにおちていきました。

★〔ひまわりキッズ〕上手から出てくる。

M8　まったくジャックというこはね②
　　　　　　　　　　　　　　　うたと出演：ひまわりキッズ

ひまわりキッズ	ひとつぶのまめが
	きんかと
	たてごととめんどりに
	ばけたとさ
	まったくジャックと
	いうこはね
	せかいいち　かほうもの

M2「まったくジャックというこはね①」と同じ踊り（P.24参照）

★そのまま舞台で待つ。**M9**を始める。

M9　ジャックのテーマ／エンディング
　　　　　　　　　　　　　　　うたと出演：全員

全　員	ジャックジャックまめのきジャック
	ジャックジャックのぼれよジャック
	ジャックジャックまめのきジャック
	ジャックジャックおどれよジャック
	なんにもしないで　あきらめるより
	まずはいっぽまえにでるゆうき
	ジャックジャックまめのきジャック
	ジャックジャックうたえよジャック
	ジャックジャックまめのきジャック
	ジャックジャックおどれよジャック

①前奏（1＋32呼間）……〔ジャック2、まめのきブラザーズ、大男1・2・3〕手をつないで下手から登場。〔ジャック1〕上手から登場。〔ひまわりキッズ〕も列に加わって横並びになる（図㊺）。

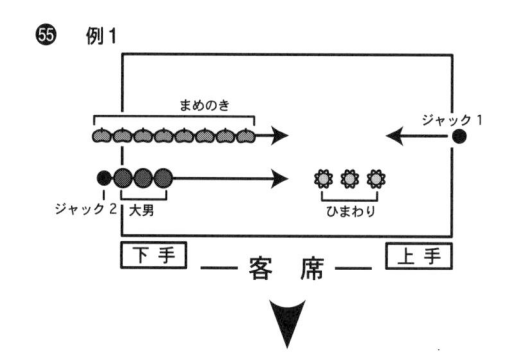

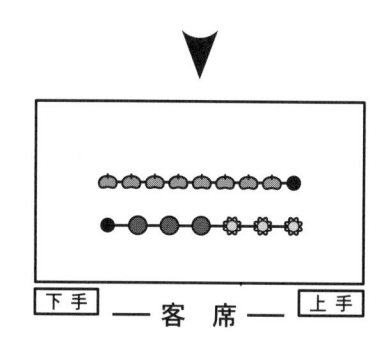

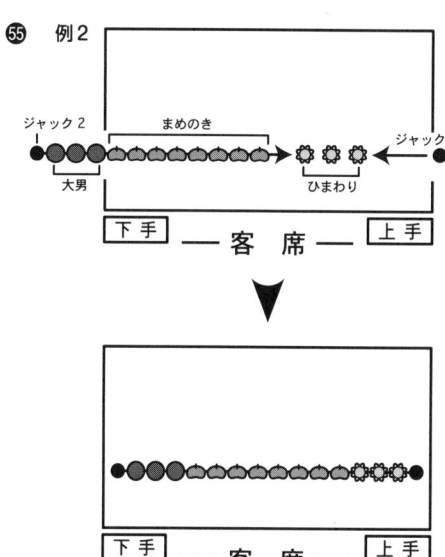

㊺　例1

㊺　例2

②ジャックジャックまめのきジャック～おどれよジャック（96呼間）……
M1の②～⑩を行う。
③後奏（4呼間）……両手をつなぎ直す（図㊻）。

㊻

④後奏（10呼間）……つないだ手を上げ（4呼間）、下げながらおじぎをする（6呼間）（図㊼）。

㊼

⑤後奏（2呼間）……最後の音で、各自好きなポーズをとっておしまい（図㊽）。

㊽

うらしまたろう

- **対象** 年長・小学校低学年
- **ねらい** 華やかに踊る、現代風うらしまたろう
- **登場人物** ●うらしまたろう ●かめ ●クラゲ ●ヒトデ ●ホタテ ●おとひめ ●子ども

M1 よにもふしぎなものがたり／オープニング

作詞・作曲：中川ひろたか

© 2014 by Columbia Songs, Inc.

⑥ Am C　⑦ G Am　⑧ Em F/A G

ゆめか まぼーろしか まかふーしぎ

⑨ Am C G Am Em Am D6/A Am

けむに まかーれた ものがた り ひ

⑩ D C ⑪ D E7

ーとり の りょうーしの

⑫ Am C G Am Em Am D6/A Am

よにも ふしぎーなー ものがた り

rit.

M2 カカカカ！かめかめ！

作詞：藤本ともひこ　作曲：中川ひろたか

© 2014 by Columbia Songs, Inc.

[子ども] カ カ カ カ！ かめかめー！

※拍頭のタイミングがつかみにくい場合、任意で入れて下さい。

うらしまたろう	「なにをしている。やめなさい。」
子ども	「わぁぁぁ」（にげる）
かめ	「ありがとうございました。このごおんはいっしょうわすれません。おれいに、あなたさまをりゅうぐうじょうにおつれいたします。」
うらしまたろう	「りゅうぐうじょう？」
かめ	「はい、さぁ、わたしのせなかにおのりください。」

M3 りゅうぐうへいこう

作詞：藤本ともひこ　作曲：中川ひろたか

© 2014 by Columbia Songs, Inc.

たこも くじらも よんで―いる
たいや ひらめも まって―いる

1x〔うらしま〕 2x〔うらしま、かめ〕
みたこともない あたらしいせかいな

にがかわる すばらしい せかい

〔うらしま、かめ〕
どこまでも つづく あおい

かめ 「ここがりゅうぐうじょうです。さぁ、なかへどうぞ。」
おとひめ 「うちのカメをたすけていただいてありがとうございました。
このりゅうぐうでたっぷりたのしんでくださいませ。」

M4 クラクラクラゲ

作詞：藤本ともひこ　作曲：中川ひろたか

© 2014 by Columbia Songs, Inc.

クラクラクララク　ラクラクラ
(1.3.) さわるとけがしちゃう
(2.) きっとしびーれちゃう

クラクラクララク　ラクラクラ
ハートをこがしちゃう
すごくドキドキしちゃう

1.2.
⑤ D G/D D ⑥ Em7(-5) A7 D
だっ てだっ てだっ て チクッ チクッ チク ー
⑦ D G/D D Em7(-5) A7 D
だっ てだっ てだっ て か わ い く て ご め ん ね ー
⑧ G ⑨ ⑩ D
ふ わ ふ わ ー A-HA ふ わ ふ わ ー O-K
G ⑪ Em F♯ G ⑫ G♯m(-5) A
ふ わ ふ わ ー A-HA ふ わ ふ わ ふ わ ふ わ OH YEAH!

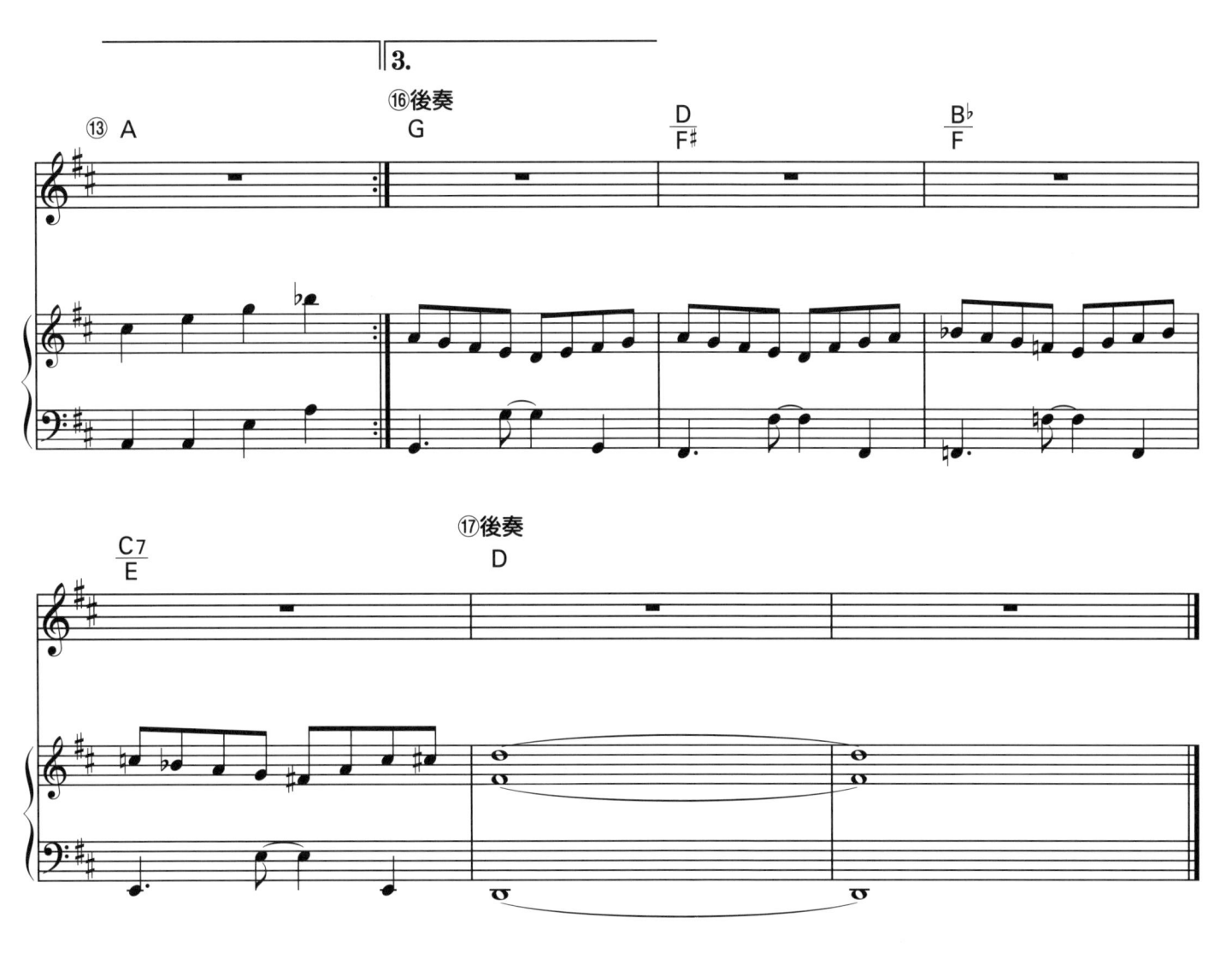

M5 すき？きらい？

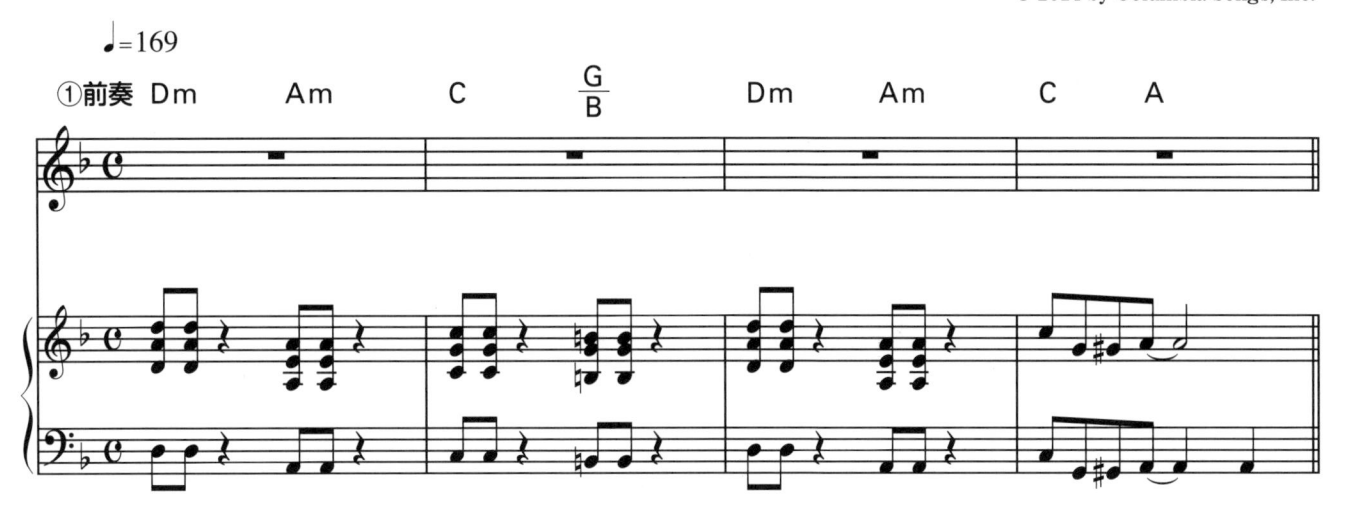

作詞：藤本ともひこ　作曲：中川ひろたか

© 2014 by Columbia Songs, Inc.

②
⑭
㉑ Dm
③ C Dm
すき きらい すき きらい すき きらい すき
④ Dm
C Dm
すき きらい すき きらい すき きらい すき
1.2.
⑤ C7
F
⑥ C7
F
すき きらいなしで おねがい します
⑦ E
⑧ E(-5)
⑮ B♭
A G♯ A
ぐー ちょき ぱー なら どれがすき そりゃ もちろん ぱー がすき
えびたこかいなら どれがすき そりゃ もちろん かい がすき

41

M6 恋するりゅうぐうガール

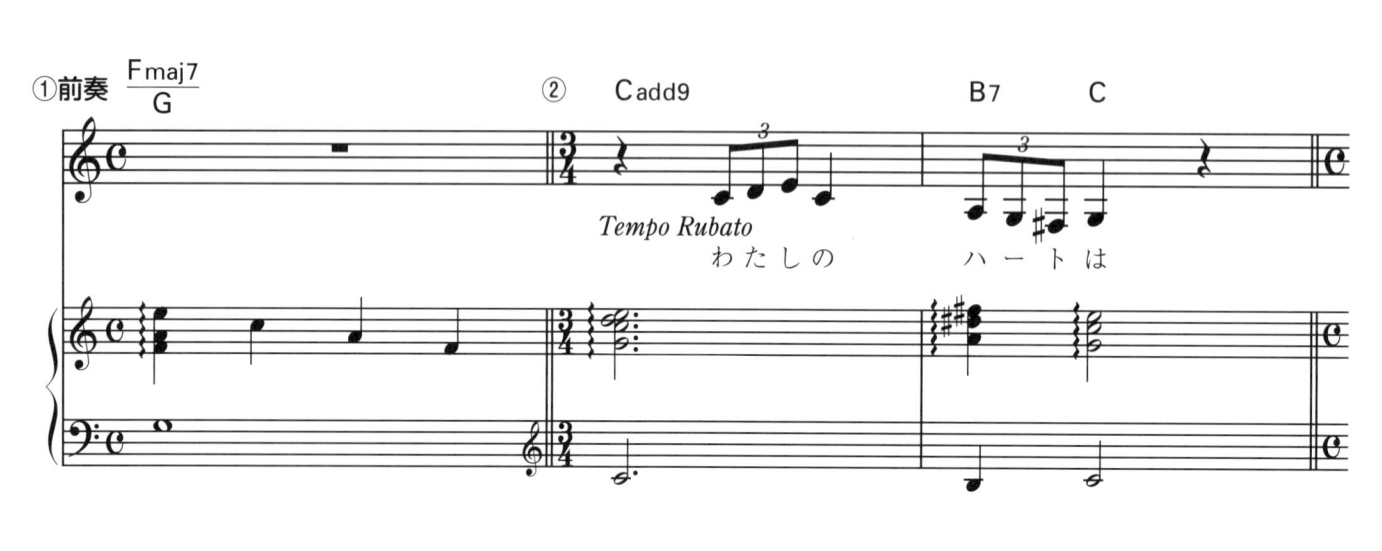

作詞：藤本ともひこ　作曲：中川ひろたか

© 2014 by Columbia Songs, Inc.

①前奏　Fmaj7/G　　②Cadd9　　B7　C

Tempo Rubato

わたしの　ハートは

③Am7　　B♭7　　④Bm7(-5)　Dm　D#dim

あなたの　もの　このまま　ずっと

Dm7　　G7　　♩=100 (♪♪=♪♪³)　⑤C　　F

そばに　いたいの

ポニーテールにしても
カチューシャにしても
いーいよね／いーいよね｝だって すきなんだもん だもん だもん
てをつないーでも／ずっとみてーても｝いいよね だって すきなんだもん カモン
カモン ずっとまってた ずっとずっと しんじ

Dm7 G F/C C C7 ⑩ F#m7(-5) G7/F
て い れ ば NA NA NA あ き ら め な きゃ ゆ め は
Em7 Asus4 A7 ⑪ Dm7 G 1. C F/G
か な う こ い す る りゅう ぐう ガ ール
⑫間奏 F/G 2. C Fm6/C ⑭ C
あ か い ガ ール ず っ と
⑮ F#m7(-5) G7/F Em7 A7/C# Dm7 G G#dim F/A C7/G C7
まっ て た ず っ と ず っ と し ん じ て い れ ー ば NA NA NA あ き ら

うらしまたろう　「もうそろそろかえろうかとおもいます。」
おとひめ　　　　「そうですか。それはおなごりおしゅうございます。
　　　　　　　　　ではおみやげに、このたまてばこをおもちください。
　　　　　　　　　ただしけっしてふたをあけてはいけませんよ。」

M7 うちへかえろう

作詞：藤本ともひこ　作曲：中川ひろたか

© 2014 by Columbia Songs, Inc.

①前奏 A

うちへかえろう

みやげばなし もって　むらの みんなが まって いる
たまてばこを もって　おとうも おかあも まって いる

うまれそだったな

E7
A/E
E
E7/D
A/C♯
F♯m
B
E7
つかしいせかいむらのくらしもすばらしいせか
A
1.
Bm
E
Bm
E
い きっといまごろぼくのこと
A
D
A
D
F♯7/C♯
Bm
E
しんぱいしているだろうなつかしい
Bm
E
B/D♯
D
C♯m7
Bm7
E
あのふるさとにいますぐかえろうー

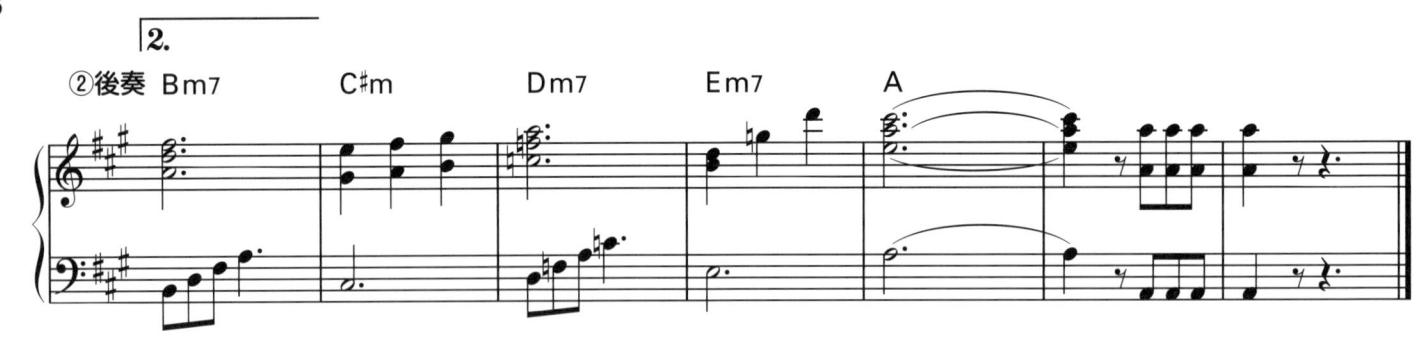

うらしまたろう 「あれ？おかしいな。あの、ここにうらしまというひとのうちが
 あったとおもうんですが。」
子ども 「むかし、むかし、うらしまっていうひとがうみにいったきり
 かえってこなかったというはなしをきいたことがあるよ。」
うらしまたろう 「ええ！！…そうだ、このたまてばこをあけてみよう。
 うわっ、なんだこのけむり… これがわしか…」

M8 よにもふしぎなものがたり／エンディング

作詞・作曲：中川ひろたか

© 2014 by Columbia Songs, Inc.

ゆめか まぼろしか まか ふしぎ

Am C G Am Em Am D6/A Am
ゆがんだとーきーのーものがーたり ひ
D C D E7
ーとりの りょうーしの
Am C G Am Em Am C
よにも ふしぎーなーものがーたり よにも
G Am Am/E Em7 Am G6/A
ふしぎーなーものがーたり
③後奏
rit.

うらしまたろう

原作：日本の昔話
作詞：藤本ともひこ、中川ひろたか／作曲：中川ひろたか
振付：中右貴久

■登場人物・衣装

うらしまたろう　かめ　子ども　クラゲ
ホタテ　ヒトデ　おとひめ　現代子ども

■準備

扇子は親指と4本の指で挟んで持ちます。
※難しそうであれば、それぞれの指を扇子の骨の間に入れて持つと楽になります。

イラストでは手の甲側を黒、手の平側を白で表記しています。

● ワンポイント・アドバイス
それぞれの役に見せ場がありますので、役ごとに練習を進めて下さい。扇子は早い段階から持たせるようにし、持ち方や重さに慣れさせて下さい。

M1　よにもふしぎなものがたり／オープニング

うたと出演：全員

| 全員 | ゆめかまぼろしかまかふしぎ
けむにまかれたものがたり
ひとりのりょうしの
よにもふしぎなものがたり |

①前奏（4呼間）……横1列になり正面向きで、扇子で顔を隠して待つ（図❶）。
②前奏（4呼間）……両手を開いて顔を見せる（図❷）。
③前奏（8呼間）……扇子を手の甲を上にして、右足から1歩前進しながら平泳ぎをするように前に出し、次に左足をそろえながら、両手を胸前に引き付ける。これを2回繰り返す（図❸）。
④前奏（8呼間）……扇子で拍手をするように、ゆっくり4回合わせる（図❹）。
⑤前奏（16呼間）……③④を繰り返す。
⑥ゆめか（4呼間）……右へ1歩あるき、左足をそろえながら、右手を開く（図❺）。
⑦まぼろしか（4呼間）……左へ1歩あるきながら、左手も開く（図❻）。
⑧まかふしぎ（8呼間）……扇子を縦にして前方に突き出し、ひざをまげながら上下を4回入れ替える（図❼）。
⑨けむにまかれた　ものがたり ひ（16呼間）……⑥～⑧を繰り返す。
⑩とりの　りょ（8呼間）……右手を上、左手を下にして、手の甲を上にして扇子を水平に重ねたまま前方へ突き出し（図❽）、次に右手を右斜め上、左手を左斜め下に開く（図❾）。
⑪うしの（8呼間）……扇子を細かく振りながら、そのまま右へ1周する。
⑫よにも　ふしぎな　ものがたり（16呼間）……⑥⑦を行い、次に⑧の上下入れ替えを2回行って、片膝立ちになり扇子を細かく振ってポーズ（図❿）。

M2　カカカカ！かめかめ！

うたと出演：かめ、子ども

子ども	カカカカ！かめかめ！ どっからきたかいってみな いえないのならつついちゃう つんつんつんつんつん
かめ	やめて　やめて　やめて
子ども	つんつんつんつんつん
かめ	やめて　やめて　やめて
子ども	カカカカ！かめかめ！ おどれるもんならおどってみ おどれないならくすぐっちゃう こちょこちょこちょ
かめ	やめて　やめて　やめて
子ども	こちょこちょこちょ
かめ	やめて　やめて　やめて

セリフ
うらしまたろう　「なにをしている。やめなさい」
子ども　「わぁぁぁ（にげる）」
かめ　「ありがとうございました。このごおんはいっしょうわすれません。おれいに、あなたさまをりゅうぐうじょうにおつれいたします」
うらしまたろう　「りゅうぐうじょう？」
かめ　「はい、さぁ、わたしのせなかにおのりください」

■準備

かめをはさんで、子ども1と2が横に並ぶ（図⓫）。

①前奏（16呼間）……〔子ども1・2、かめ〕扇子を舞台奥へ置き各配置に着き、後ろ向きで待つ。前奏の間に黒子（先生）が扇子を回収して退場する（図⑫）。

②前奏（8呼間）……〔子ども1〕正面向きでフィンガースナップを4回行う。〔子ども2、かめ〕後ろ向きのまま待つ（図⑬）。

③前奏（8呼間）……〔子ども1・2〕正面向きでフィンガースナップを4回行う。〔かめ〕後ろ向きのまま待つ（図⑭）。

④前奏（8呼間）……〔全員〕正面向きでフィンガースナップを4回行う（図⑮）。

⑤1番　カカカカ～いえな（16呼間）……〔全員〕右足から1歩前進し左足をそろえる歩き方で4歩前進しながら、フィンガースナップを8回行う（図⑯）。

⑥いのなら　つついちゃう（8呼間）……〔全員〕折った手首をブラブラさせながら、ボックスステップする（図⑰）。

⑦つんつんつんつんつん（5呼間）……〔子ども〕右下を人差し指で2回つつき、反対方向でも行う（4呼間）。最後にカメの方向に両手人差し指で1回つつく（1呼間）（図⑱）。〔かめ〕ボックスステップが終わったままのポーズで待つ。

⑧やめてやめてやめて（3呼間）……〔子ども〕カメの方向をつついたポーズで待つ。〔かめ〕右左右とツイストする（図⑲）。

⑨つんつんつんつんつん（5呼間）……〔子ども〕⑦に同じ。〔かめ〕ツイストが終わったままのポーズで待つ。

⑩やめてやめてやめて（3呼間）……〔子ども〕⑧に同じ。〔かめ〕左右左とツイストする。

⑪間奏（8呼間）……〔全員〕正面向きでフィンガースナップを4回行う。

⑫2番　カカカカ～やめてやめてやめて（40呼間）……〔全員〕1番に同じ。
※ただし「こちょこちょこちょ」は5本指でくすぐるように行う（図⑳）。最後の「こちょ」でかめの方を向く。

⑬後奏（2呼間）……〔子ども1・2〕カメの方向をくすぐったポーズ。〔かめ〕ツイストが終わったままのポーズ（図㉑）。

【終わりのセリフ】
①うらしまたろう　「なにをしている。やめなさい」
　うらしまたろうが上手に登場（図㉒）。

②子ども　「わぁぁぁ（にげる）」
　子どもは下手に退場（図㉓）。

③かめ　「ありがとうございました～おのりください」
　かめとうらしまたろうは舞台中央（図㉔）。

M3　りゅうぐうへいこう　　うたと出演：うらしまたろう、かめ

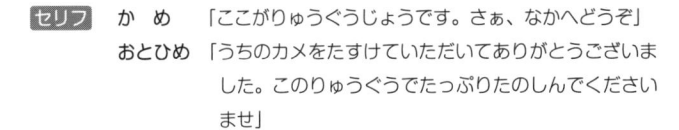

うらしまたろう	りゅうぐうへいこう
	かめといっしょに
	たこもくじらもよんでいる
	みたこともないあたらしいせかい
	なにかがかわるすばらしいせかい
うらしまたろう、かめ	どこまでもつづくあおい
	うみのおくそこふかく
	よにもうつくしい
	ひみつのばしょがあるという
かめ	りゅうぐうへいきましょう
	ゆめのせかいに
	たいやひらめもまっている
うらしまたろう、かめ	みたこともないあたらしせかい
	なにかがかわるすばらしいせかい

セリフ　かめ　「ここがりゅうぐうじょうです。さぁ、なかへどうぞ」
　　　おとひめ　「うちのカメをたすけていただいてありがとうございました。このりゅうぐうでたっぷりたのしんでくださいませ」

①前奏（8呼間）……両手をつなぎ、1周する（図㉕）。

②前奏（4呼間）……かめは親指で自分の背中を指して、うらしまたろうに背中に乗りなさいと促する（図㉖）。

③前奏（4呼間）……うらしまたろうはかめの背後に回り込み、肩に手を置く（図㉗）。

④1番　りゅうぐうへいこう～たこもくじらも（12呼間）……お互左右交互に6回体を振る。かめは平泳ぎ（図㉘）。

⑤よんでいる（4呼間）……手をつなぐ（図㉙）。

⑥みたこともない～すばらしいせかい（16呼間）……右へ3歩あるいて4歩目

をキック。次に左方向でも同じように行う。この1連の動作を2回繰り返す(図㉚)。

⑦どこまでもつづく あおい(8呼間)……つないでいない手を使い、片手で平泳ぎしながら、上手前へ移動する(図㉛)。

⑧うみのおく そこふかく(8呼間)……カメは前方を指さし、うらしまたろうは遠くを見るポーズで4回ひざを曲げる(図㉜)。

⑨よにもうつくしいひみつのばしょが(8呼間)……片手平泳ぎで、下手前へ移動する(図㉝)。

⑩あるという(8呼間)……②③に同じ。

⑪2番 りゅうぐうへいきましょう〜すばらしいせかい(32呼間)……④〜⑥に同じ。ただし最後はキックをせず足をそろえて正面向きで終わる(図㉞)。

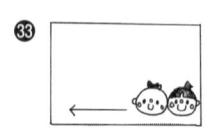

【終わりのセリフ】
①かめ 「ここがりゅうぐうじょうです。さぁ、なかへどうぞ」
カメとうらしまたろうは舞台中央へ戻る(図㉟)。

②おとひめ 「うちのカメを〜たのしんでくださいませ」
おとひめ・クラゲ・ヒトデ・ホタテが上手から登場(図㊱)。

M4 クラクラクラゲ　　　うたと出演：クラゲ

クラゲ　クラクラクラララクラクラクラ
　　　　さわるとけがしちゃう
　　　　クラクラクラララクラクラクラ
　　　　ハートをこがしちゃう
　　　　だってだってだって
　　　　チクッチクッチクー
　　　　だってだってだって
　　　　かわいくてごめんねー
　　　　ふわふわ　AHA　ふわふわ　OK
　　　　ふわふわ　AHA　ふわふわふわふわ
　　　　OH YEAH！

　　　　クラクラクラララクラクラクラ
　　　　きっとしびれちゃう
　　　　クラクラクラララクラクラクラ
　　　　すごくドキドキしちゃう
　　　　だってだってだって
　　　　チクッチクッチクー
　　　　だってだってだって
　　　　かわいくてごめんねー
　　　　ふわふわ　AHA　ふわふわ　OK
　　　　ふわふわ　AHA　ふわふわふわふわ
　　　　OH YEAH！

　　　　クラクラクラララクラクラクラ
　　　　さわるとけがしちゃう
　　　　クラクラクラララクラクラクラ
　　　　ハートをこがしちゃう

①前奏(16呼間)……クラゲは舞台中央へ、その他は上手前と下手前に分かれて後ろ向きで座る(図㊲)。

②1番 クラクラクラララクラクラ(8呼間)……足を小刻みに動かしながら、右へ1周する(図㊳)。

③さわるとけがしちゃう(8呼間)……両手をクロスして両肩→クロスせず両肩→手首を曲げて下ろし、右足を横に跳ね上げる(図㊴)。

④クラクラクラララクラクラクラ ハートをこがしちゃう(16呼間)……②を左方向で行い、③を行う。ただし最後は左足を跳ね上げる。

⑤だってだってだって(8呼間)……身体を左に向け、右手と顔は正面向きで、軽く4回ホップしながら、右手で4回手招きする(図㊵)。

⑥チクッチクッチクー(8呼間)……足を内またにして、人差し指の右手を頭上、左手を肩のあたりで内外に4回振る(図㊶)。

⑦だってだってだって かわいくてごめんね(16呼間)……⑤⑥を反対方向で行う。

⑧ふわふわ(4呼間)……肩を2回すくめる(図㊷)。

⑨AHA(4呼間)……顔の横で握った右手を開く(図㊸)。

⑩ふわふわOK ふわふわAHA(16呼間)……⑧を行い、⑨を反対方向で行う。続いて⑧⑨を行う。

⑪ふわふわふわふわ(4呼間)……⑧に同じ。

⑫OH YEAH!(4呼間)……右足かかとタッチでバンザイ(図㊹)。

⑬(4呼間)……手首を曲げ、1回ひざを曲げる(図㊺)。

⑭2番　クラクラクララ～OH YEAH!（100呼間）……②～⑬に同じ。
⑮3番　クラクラクララ～ ハートをこがしちゃう（32呼間）……②～④に同じ。
⑯後奏（16呼間）……②を行い、続けて②を反対方向でも行う。
⑰後奏（4呼間）……⑥のポーズでおしまい。

M5　すき？きらい？

うたと出演：ヒトデ、ホタテ

ヒトデ、ホタテ　すき　きらい　すき　きらい
すき　きらい　すき
すき　きらい　すき　きらい
すき　きらい　すき

すききらいなしでおねがいします
ぐーちょきぱーならどれがすき
そりゃもちろんぱーがすき　ヒトデ
1 2 3 4 5 6 7
ぱぱっとたのしく　おどりましょ
A B C D E F G
いっぽすすんでおっとっと
それ　おっとっと

すき　きらい　すき　きらい
すき　きらい　すき
すき　きらい　すき　きらい
すき　きらい　すき

すききらいなしでおねがいします
えびたこかいなら　どれがすき
そりゃもちろんかいがすき　ホタテ
1 2 3 4 5 6 7
ぱぱっとげんきに　おどりましょ
A B C D E F G
はさんじゃうぞ　ぱっくぱく
それ　ぱっくぱく

すき　きらい　すき　きらい
すき　きらい　すき
すき　きらい　すき　きらい
すき　きらい　すき

■準備

ホタテは扇子を2本持つ。

①前奏（16呼間）……クラゲとヒトデ･ホタテは位置をチェンジする（図㊻）。

㊻

②1番　すき　きらい　すき　きらい　すき　きらい（12呼間）……**〔全員〕**両手の平を正面に向け、6回上下を入れ替える。
※ホタテは手の甲が正面（図㊼）。

㊼

③すき（4呼間）……**〔全員〕**右手首を内側に1回転させ、手の平を上に向け、左足を跳ね上げる（図㊽）。これを反対方向でも行う。

㊽

④すき　きらい　すき　きらい　すき　きらい　すき（16呼間）……**〔全員〕**②を行い、続けて③を反対方向で行う（図㊾）。

㊾

⑤すききらいなしで（8呼間）……**〔全員〕**右手を大きく右左に4回振る（図㊿）。

㊿

⑥おねがいします（8呼間）……**〔全員〕**右手を頭上で2回まわしたら、胸につけておじぎする（図(51)）。

(51)

⑦ぐーちょきぱーならどれがすき（8呼間）……**〔全員〕**②を8呼間行う。

⑧そりゃもちろんぱーがすき（8呼間）……**〔ヒトデ〕**4歩前進しヒトデのポーズ（図(52)）。**〔ホタテ〕**これ以降1番が終わるまで、その場で手拍子。

(52)

⑨ヒトデ（8呼間）……**〔ヒトデ〕**両手を2回軽く伸ばしたり縮めたりして（4呼間）、最後に両手足を開いてヒトデのポーズ（4呼間）（図(53)）。

(53)

⑩1234567（8呼間）……**〔ヒトデ〕**ひざを曲げて（2呼間）次に右足を上げる（2呼間）。これを反対方向でも行う（4呼間）（図(54)）。

(54)

⑪ぱぱっとたのしく　おどりましょ（8呼間）……**〔ヒトデ〕**ヒトデのポーズのまま両足をトコトコ動かして右へ1周する（図(55)）。

(55)

⑫ABCDEFG（8呼間）……**〔ヒトデ〕**⑩に同じ。

⑬いっぽすすんでおっとっと　それ　おっとっと（16呼間）……**〔ヒトデ〕**ヒトデのポーズのまま、交互に片足でケンケン（おっとっと）しながら自由に動き、最終的にはホタテの隣に戻る（図(56)）。

(56)

⑭2番　すき　きらい～えびたこかいならどれがすき（56呼間）……**〔全員〕**②～⑦に同じ。

⑮そりゃもちろんかいがすき（8呼間）……**〔ホタテ〕**4歩前進しホタテが開いたポーズ（図(57)）。**〔ヒトデ〕**これ以降2番が終わるまで、その場で手拍子。

(57)

⑯ホタテ（8呼間）……**〔ホタテ〕**両手を2回少し開いたり閉じたりホタテの動きをして（4呼間）、最後に両手を開いてホタテが開いたポーズ（4呼間）（図(58)）。

(58)

⑰1234567（8呼間）……**〔ホタテ〕**両手を閉じてひざを曲げ（2呼間）、次に両手を開いて右足を上げる（2呼間）。これを反対方向でも行う（4呼間）（図(59)）。

(59)

⑱ぱぱっとげんきにおどりましょ（8

呼間)……〔ホタテ〕両手を閉じたり開いたりホタテの動きをしながら、両足をトコトコ動かして右へ1周する(図❻)。
⑲ABCDEFG (8呼間)……〔ホタテ〕⑰に同じ。
⑳はさんじゃうぞぱっくぱく　それぱっくぱく (16呼間)……〔ホタテ〕ホタテの動きで、交互に片足でケンケンしながらヒトデの隣に戻り、ヒトデを両手ではさんで、ぱっくぱくする(図❻)。
㉑3番　すききらい～すききらいすき (32呼間)……〔全員〕②～④に同じ。
㉒後奏 (16呼間)……〔全員〕⑤⑥に同じ。最後は右手を胸に当てたまま上体を起こしておしまい(図❻)。

M6　恋するりゅうぐうガール　うたと出演：おとひめ

おとひめ　わたしのハートはあなたのもの
　　　　　このままずっとそばにいたいの

　　　　　ポニーテールにしてもいいよね
　　　　　だってすきなんだもんだもんだもん
　　　　　てをつないでもいいよね
　　　　　だってすきなんだもんカモンカモン
　　　　　ずっとまってた　ずっとずっと
　　　　　しんじていれば　NANANA
　　　　　あきらめなきゃゆめはかなう
　　　　　恋するりゅうぐうガール

　　　　　あかいカチューシャにしてもいいよね
　　　　　だってすきなんだもんだもんだもん
　　　　　ずっとみててもいいよね
　　　　　だってすきなんだもんカモンカモン
　　　　　ずっとまってた　ずっとずっと
　　　　　しんじていれば　NANANA
　　　　　あきらめなきゃゆめはかなう
　　　　　恋するりゅうぐうガール

　　　　　ずっとまってた　ずっとずっと
　　　　　しんじていれば　NANANA
　　　　　あきらめなきゃゆめはかなう
　　　　　恋するりゅうぐうガール
　　　　　恋するりゅうぐうガール

セリフ　うらしまたろう　「もうそろそろかえろうかとおもいます」
　　　　おとひめ　「そうですか。それはおなごりおしゅうございます。ではおみやげに、このたまてばこをおもちください。ただしけっしてふたをあけてはいけませんよ」

①前奏 (4呼間)……舞台中央前に正面向きに立つ。〔ヒトデ、ホタテ〕上手前に戻り、後ろ向きに座る(図❻)。

②私のハートは (8呼間)……4歩後退しながら、両手を開き (4呼間)、次に両手をクロスさせて胸に当てる (4呼間)(図❻)。
③あなたのもの (8呼間)……両手を前方に伸ばし (4呼間)、次に手の平でほっぺを押さえ、体を細かく振る (4呼間)(図❻)。
④このままずっとそばにいた (16呼間)……②③に同じ。
⑤いの　ポニー (16呼間)……手首を曲げて、ひざを4回曲げる(図❻)。
⑥テールにしてもいいよね　だって (8呼間)……右足を1歩横に開き、左足をそろえ、これを2回繰り返す。この1連の動作を反対方向でも行う(図❻)。
⑦すきなんだもんだもんだもん (8呼間)……両手を横からまわして、胸の前でハートを作り (4呼間)、上体を右左へ揺らす (4呼間)(図❻)。
⑧てをつないでも～カモンカモン　ずっと (16呼間)……⑥⑦に同じ。
⑨まってた～NANANAあきら (16呼間)……右手にマイクを持って歌っている(アイドルになった)つもりで、手を振ったり、ファン(カメ・うらしまたろう・クラゲ・ヒトデ・ホタテ)と握手をしながら歩く(図❻)。
⑩めなきゃゆめはかなう　恋す (8呼間)……左手を頭上で4回まわす(図❻)。
⑪るりゅうぐうガール (8呼間)……左手を頭上から正面に下ろし (4呼間)、手の甲にあごを乗せてポーズ(図❻)。
⑫間奏(あかい) (4呼間)……⑤を4呼間行う。
⑬2番　カチューシャに～りゅうぐうガール (64呼間)……⑥～⑪に同じ。
⑭ずっと (4呼間)……⑤を4呼間行う。
⑮まってた　ずっとずっと～NANANAあきら (16呼間)……左手を背中につけて4歩前進し、次に4歩後退する(図❻)。
⑯めなきゃゆめはかなう　恋するりゅうぐうガール　恋す (16呼間)……⑩⑪に同じ。
⑰るりゅうぐうガール (8呼間)……⑥に同じ。
⑱後奏 (3呼間)……⑪の手の甲にあごを乗せたポーズでおしまい。

【終わりのセリフ】
①うらしまたろう　「もうそろそろかえろうかとおもいます」
　　　　　　　　　おとひめ以外は舞台中央あたりに移動。クラゲは上手ソデにスタンバイした玉手箱を持って、おとひめに渡す（図❼❸）。

❼❸

②おとひめ　「そうですか。～あけてはいけませんよ」
　　　　　　カメとうらしまたろう以外は上手に退場（図❼❹）。

❼❹

M7 うちへかえろう　　　うたと出演：うらしまたろう、かめ

> うらしまたろう　うちへかえろう
> 　　　　　　　　みやげばなしもって
> 　　　　　　　　むらのみんながまっている
> 　　　　　　　　うまれそだったなつかしいせかい
> 　　　　　　　　むらのくらしもすばらしいせかい
>
> 　　　　　　　　きっといまごろぼくのこと
> 　　　　　　　　しんぱいしているだろう
> 　　　　　　　　なつかしい　あのふるさとに
> 　　　　　　　　いますぐかえろう
>
> 　　　　　　　　うちへかえろう
> 　　　　　　　　たまてばこをもって
> 　　　　　　　　おとうもおかあもまっている
> 　　　　　　　　うまれそだったなつかしいせかい
> 　　　　　　　　むらのくらしもすばらしいせかい

セリフ　うらしまたろう　「あれ？おかしいな。あの、ここにうらしまというひとのうちがあったとおもうんですが。」
　　　　子ども　「むかし、むかし、うらしまっていうひとがうみにいったきりかえってこなかったというはなしをきいたことがあるよ。」
　　　　うらしまたろう　「ええ！！…そうだ、このたまてばこをあけてみよう。うわっ、なんだこのけむり…　これがわしか…」

①前奏～すばらしいせかい（112呼間）
……〔うらしまたろう、かめ〕M1に同じ。
②後奏（12呼間）……〔うらしまたろう、かめ〕お互いに手を振りながら、カメは下手に退場（図❼❺、図❼❻）。

❼❺
❼❻

【終わりのセリフ】
①うらしまたろう　「あれ？おかしいな～おもうんですが」
　　　　　　　　　こどもが上手から登場し、うらしまたろうを越えたあたりでストップ（図❼❼）。

❼❼

②子ども　「むかし、むかし～きいたことがあるよ」
　　　　　こどもは下手に退場（図❼❽）。

❼❽

③うらしまたろう　「ええ！！～あけてみよう」
　　　　　　　　　たまてばこを開けながら、後ろ向きになり、ひげをつける（図❼❾）。

❼❾

④うらしまたろう　「うわっ～これがわしか…」
　　　　　　　　　正面に振り返り、老人になった姿を客に見せる（図❽⓪）。

❽⓪
玉手箱の中には綿で作った白ひげ
両面テープなどで顔に貼り付ける

M8 よにもふしぎなものがたり／エンディング　　　うたと出演：全員

> 全員　ゆめかまぼろしかまかふしぎ
> 　　　ゆがんだときのものがたり
> 　　　ひとりのりょうしの
> 　　　よにもふしぎなものがたり
> 　　　よにもふしぎなものがたり

①前奏（20呼間）……全員が扇子を持って横1列に並ぶ。黒子（先生）は、うらしまたろうに扇子を渡し、たまてばことヒゲを持って退場（図❽①）。
②ゆめかまぼろしか～ものがたり（80呼間）……M1 ⑥～⑪を行い、続けて⑥～⑧を2回行う。
③後奏（5呼間）……両手を内回しで横に開きながら、片ひざ立ちになり扇子を細かく振っておしまい（図❽②）。

❽①
❽②

藤本ともひこ

絵本作家。童話作家。作詞家。あそびうた作家。
あそびうた「ねこときどきらいおん」(NHKおかあさんといっしょ)。絵本「いただきバスシリーズ」「ばけばけはっぱ」「のってちょんまげ」「しーらんぺったん」「ねこときどきらいおん」「とんとんとんとんひげじいさん」など多数。保育士研修や親子向け絵本ライブも多数。

中川ひろたか

子どもの歌、絵本作家。元保育士。元バンド「トラや帽子店」リーダー。歌は『世界中のこどもたちが』『みんなともだち』『にじ』など多数。絵本は『さつまのおいも』『ないた』(日本絵本大賞受賞)『ショコラちゃんシリーズ』など多数。他に「A1あそびうたGP」「C1カロムGP」「D1だじゃれGP」「みんなともだちプロジェクト」など、多方面で活躍中。

菊岡 彩

4歳よりクラシックバレエを始める。大学時代は上智大学チアリーディング部に所属。ジャズダンス、フラメンコ、ミュージカル出演などを通し様々なジャンルのダンスを学ぶ。
卒業後、荒木祥知、鈴木恵美子らに師事し、都内スタジオでキッズバレエ講師を務める。
ダンス情報発信グループ・Continuer Nouvelleを企画・運営。首都圏でのワークショップや発表会等を開催している。
大学時代より、井出真生リズムダンス研究会にてTV・ビデオ・映画作品の出演者指導・本番の立ち会いなどを行う。

中右貴久

21歳の時、劇団青年座研究所に入所し演劇を始める。この頃より、ボイストレーニング、クラシックバレエ、ジャズダンスを学ぶ。
その後、東宝芸能に移籍し、多数のミュージカルやTV、CMに出演。幼児教育番組としては、NHK「にこにこぷんがやってきた!」、ベネッセ「こどもちゃれんじ」の歌のお兄さんとして計8年間出演した。
現在はフリーで、数多くの童謡CDを歌い、その他、童謡の振り付けも手がける。

藤本ともひこ×中川ひろたか　あそび劇シアター

ジャックとまめのき／うらしまたろう

作　詞：	藤本ともひこ、中川ひろたか
作　曲：	中川ひろたか
振　付：	菊岡 彩／中右貴久
協　力：	藤澤奈穂（日本コロムビア株式会社）
表紙イラスト：	tupera tupera
本文振付イラスト：	山田 歩／近藤みさき
アートディレクション：	徳武佳子（株式会社 シーツー デザイン）
ピアノ編曲：	丹羽あさ子
ブック・デザイン：	株式会社ライトスタッフ
編　集：	清野由紀子／成田智子
発行日：	2014年 9月30日初版発行 2021年 5月30日第4刷
発行人：	山下浩
発行所：	株式会社ドレミ楽譜出版社

〒171-0033 東京都豊島区高田3-10-10 ドレミ・サーティース・メモリアル
4F［営業部］Tel.03-5291-1645　Fax.03-5291-1646
3F［編集部］Tel.03-6233-9612　Fax.03-6233-9614
ホームページ：http://www.doremi.co.jp/
ISBN978-4-285-14095-8
定価（本体1800円＋税）

JASRAC 出 1411745-104
（許諾番号の対象は当該出版物中、当協会が許諾することのできる著作物に限られます。）

©無断複製、転載を禁じます。　●万一、乱丁や落丁がありました時は当社にてお取り替えいたします。
●本書に対するお問い合わせ、質問等は封書又は〈e-mail〉faq@doremi.co.jp 宛にお願い致します。

弊社出版物ご注文方法

楽器店・書店などの店頭で売切れの際は、直接販売店でご注文いただくか、弊社までお問い合わせください。
尚、インターネットでの商品検索・購入も可能です。
弊社ホーム・ページをご覧下さい。
http://www.doremi.co.jp/

皆様へのお願い

楽譜や歌詞・音楽書などの出版物を権利者に無断で複製（コピー）することは、著作権の侵害（私的利用など特別な場合を除く）にあたり、著作権法により罰せられます。
また、出版物からの不法なコピーが行なわれると、出版社は正常な出版活動が困難となり、ついには皆様方が必要とされるものも出版できなくなります。音楽出版社と日本音楽著作権協会（JASRAC）は、著作権者の権利を守り、なおいっそう優れた作品の出版普及に全力をあげて努力してまいります。どうか不法コピーの防止に、皆様方のご協力をお願い申し上げます。

株式会社ドレミ楽譜出版社
一般社団法人　日本音楽著作権協会（JASRAC）